Daniela Principali

L'arte della riuscita

Youcanprint *Self-Publishing*

Titolo | L'arte della riuscita
Autore | Daniela Principali
ISBN | 978-88-27838-67-9

Youcanprint *Self-Publishing*
Via Roma, 73 - 73039 Tricase (LE) - Italy
www.youcanprint.it
info@youcanprint.it
Facebook: facebook.com/youcanprint.it
Twitter: twitter.com/youcanprintit

Ognuno di noi ha una storia. Un ricordo indelebile, un momento importante…

Una vita da scrivere. ognuno di noi scrive ogni giorno inconsciamente parlando, proprio perché ogni nostro pensiero è solo l'anticamera delle nostre azioni. Possiamo essere impulsivi, possiamo diventare ciò che non vorremmo mai essere. Eppure, viviamo ogni giorno un'esperienza nuova.

Abbiamo sogni, abbiamo obbiettivi, vogliamo amare ed essere amati.

Siamo qui per un motivo e solo un giorno lo scopriremo. Possiamo soffrire, possiamo esser felici, ma solo noi decidiamo che cosa fare della nostra vita.

Siamo fondamentalmente esseri insoddisfatti, ma solo noi riusciamo a creare anche in un solo istante qualcosa che ci possa far star bene.

Siamo qui per un motivo. E il segreto di poter vivere bene esiste. È dentro di noi. Si. Avete capito bene. È dentro di noi, ve lo posso assicurare, ve lo dice una persona che ne ha passate, tra sofferenze e certe volte momenti colmi di solitudine interiore, per cercare di capire che cosa sarei disposta a perdere e ad acquisire per poter trovare quella serenità ormai perduta nella mia fase adolescenziale, che mi ha strappato via i momenti più belli della mia vita. Dovevo cercare di capire che cos'era giusto o sbagliato per me. Sapevo che non si poteva andare avanti nella situazione in cui stavo, e dovevo tener duro, dovevo riuscire nel mio intento. Certe volte esistevano scuse, esistevano quelle parole che oramai non esistono più nella mia vita. Cioè il mio non voler affrontare la mia realtà, nonostante le mie lacrime e i miei pensieri che talvolta laceravano la mia anima perché avevo paura. Mi ritrovavo sola a pensare a cosa ho perduto, a cosa mi mancava realmente nella mia vita. Lo sapevo. Ero cosciente di questo. Eppure, agli occhi delle persone sorridevo, e facevo vedere la mia vitalità, la mia forza interiore che forse non ho mai perduto, perché sapevo che avevo delle fondamenta importanti che mi diedero loro. Loro che per me sono stati parte integrante della mia vita. Loro che riuscivano in tutti i modi a farmi sorridere, e a farmi vedere il bello della vita nella **Semplicità**.

La semplicità nel vivere. La semplicità nell'amare e nell'essere amati. La semplicità delle piccole cose, di momenti che probabilmente hanno arricchito la mia esistenza, perché senza di essi non sarei cosi, e non avrei preso la decisione di scrivere queste pagine, per poter e dover dimostrare realmente che i problemi della vita sono tanti e risolvibili. E che la soluzione sta realmente dentro di noi. La soluzione esiste. Basta seguire il proprio istinto, la propria natura. Basta seguire il corso della propria vita, con la consapevolezza di ciò che si è stati, con la voglia di migliorarsi nonostante gli errori commessi in passato e con la voglia di voler affrontare il mondo, nonostante si è da soli. Da soli. Non importa quante persone si hanno accanto nella propria vita, soprattutto in momenti delicati come perdite o sofferenze, perché quando si soffre, purtroppo non si ragiona e non si è lucidi.

Proprio perché ci assumiamo certe volte la responsabilità di qualche evento negativo, ma ci rediamo conto in un secondo momento, di quanto siamo piccoli e inermi di fronte a certe situazioni, di quanto non abbiamo il controllo della vita altrui, ma solamente della nostra vita.

Riflettiamo sul fatto che, c'è sempre un motivo per tutto. Esiste la verità in ogni cosa. Esiste sempre un motivo per cui incontriamo determinate persone, esiste sempre un motivo del perché accadano certi avvenimenti, che sconvolgono totalmente la nostra quotidianità. Forse perché, realmente siamo in grado di sopportare questo dolore. Siamo in grado di reagire di fronte alle avversità della vita. Ne sono convinta.

Siamo qui per imparare e migliorare le nostre mancanze, per correggere i nostri errori, e per imparare da chi è migliore di noi.

Siamo qui per confrontarci e per aiutarci nel momento del bisogno.

In fondo siamo noi a costruirci il nostro presente...

Come diceva il maestro spirituale Osho:

La vita è un mistero da vivere, non un problema da risolvere...

Ci sono persone che spendono la propria vita per capire quale sarà il loro destino. Ci sono persone che non riescono a portare a termine ciò che si sono imposti di realizzare. Ci sono altre persone che vivono ogni giorno, sperando che uno spiraglio di luce, illuminerà la strada giusta e ci sono altre persone che cercano di raggiungere l'unica possibilità, di ritrovare la felicità perduta, con il fine di raggiungere i propri sogni e di ritrovare quel benessere oramai sepolto.

La vita è come un'autostrada, non ti puoi fermare nel bel mezzo di una corsa, non puoi fare inversione di marcia, per paura di un ostacolo, che ti impedisce di continuare. Bisogna andare avanti con la determinazione di sempre, senza aver paura di sbagliare e di fare qualche errore insormontabile, perché chi ha paura di affrontare un ostacolo, un momento difficile, deve tirar fuori la determinazione che non ha mai capito di avere.

Molte persone dicono che bisogna essere razionali e non agire mai di istinto. Ma che cosa significa trascorrere la propria vita, in un mondo di sola logica e razionalità? Sono sempre stata convinta del fatto, che esistono dei limiti e che nel momento in cui una persona li supera è difficile tornare indietro, ma una vita fatta di sole regole non ha senso, perché una persona deve agire come crede. Non metto in dubbio che la razionalità è uno degli elementi fondamentali per vivere, ma se una persona in certe situazioni, non agisce d'istinto, oppure si mette dei freni, per paura di sbagliare, non ha senso.

Tutti fanno degli sbagli, non esiste la perfezione assoluta in questo mondo. **Vivere** vuol dire credere in ciò che si fa, saper dare un senso a tutto quel che si pensa, imparare a capire quali sono i veri valori.

La vita al mondo intero offre tante possibilità, basta saper prenderle al volo. Spesso la vita è quel grande gesto, che ci viene donato per renderci insicuri, forse troppo incapaci nel cercare risposte, disperse in quel tempo perso… chiuso… scomparso… La vita? Un mistero indelebile, racchiuso tra mille pagine, di un destino, forse ancora sconosciuto…

Ogni piccolo dettaglio, ogni piccolo gesto, non farti sfuggire nulla! Cerca di cogliere il più possibile. Cerca di trarre il benefico da tutto ciò che realmente conta per te. Gli errori precedentemente commessi, dovete racchiuderli dentro una piccola parte del vostro cuore, e potrete riviverli con i vostri pensieri, e solo con essi potrete ricordarvi di ogni singolo momento fino adesso vissuto, potrete commuovervi e ripensare a tutto ciò che di più bello avete vissuto.

La vita è una sola, ricordate queste parole, è un qualcosa di unico ed imprevedibile…

Può cambiare da un momento all'altro, senza che voi ve ne accorgiate.

Lo so, certe volte la vita è dura. Ci mette in condizione di scegliere, certe volte ci butta giù per poterci rialzare più forte di prima. Avendo imparato una delle tante lezioni di vita, che ci ha permesso di essere migliore, senza perdere la strada giusta. Ma nulla toglie il fatto di quanto sia estremamente bella e certe volte ingannevole con i suoi falsi momenti di pura quiete. E ci si abbandona all'oblio di giorni pieni di sensazioni magiche, facendoci godere ciò che ne è valsa la pena fin' ora lottare.

Il tempo se ne va e le persone si ritrovano già grandi, con la consapevolezza che un giorno finirà tutto, ma talvolta non si pensa, non ci si ferma a riflettere, se ciò che si sta conducendo sia una vita degna, se ciò che talvolta ci affligge sia il nostro pessimismo o il mondo esterno, che ci vuole mettere in guardia di qualcosa che non va. Non dico che sia sbagliato non riflettere, però talvolta ciò che una persona ha, non è mai ciò che vuole veramente.

Bisogna tener duro in certi momenti della propria vita, soprattutto quando accadono eventi esterni che destabilizzano la propria quotidianità.

Non lasciatevi scappare le opportunità perché sono speranze di un futuro migliore.

Ed io ne sono la testimonianza… Sono sempre stata una persona ambiziosa, con tanti sogni ed obbiettivi. Alcune volte sognavo ad occhi aperti, immaginando come sarebbe stata la mia vita a distanza di anni. Ho avuto sempre il desiderio di aiutare gli altri, anche con semplici gesti, perché forse l'essere sensibili al mondo circostante, ti apre quelle porte dove incominci a capire che basta poco per migliorarsi e migliorare la vita degli altri.

Con la semplicità, la spontaneità di un gesto inaspettato.

Una parola in un momento del bisogno ti può far vedere nuovi mondi e può farti guardare la vita sotto altri aspetti.

Un sorriso, che può migliorare la giornata, nonostante la pressione che ci impone la nostra mente, per dover dare il meglio nella vita di tutti i giorni. Per poter mandare avanti dignitosamente una vita che certe volte non ci appartiene. E ci si aggrappa a quelle speranze di un futuro migliore, più roseo. Immaginando ciò che fino a ieri, era solo un miraggio. La tranquillità e serenità per vivere al meglio.

Tutti noi, vogliamo il meglio dalla nostra vita. Un lavoro che amiamo, persone vicino che ci rispettano e che ci amano, pensare e riflettere ai valori che ci hanno tramandato le persone che ci hanno messo al mondo, dal rispetto che noi pretendiamo dagli altri e dal rispetto che noi diamo. Alcune volte ci imponiamo un'esistenza diversa, perché abbiamo doveri nei nostri confronti e abbiamo paura che gli altri ci possano giudicare ed è per questo che tendiamo il più delle volte, a fare cose che non vorremmo fare, per paura di non essere accettati e forse anche per paura di deludere le aspettative degli altri. Il mondo circostante è solo il contorno di ciò che noi abbiamo creato, insieme alle nostre scelte, al nostro desiderio di evolvere, dalla nostra consapevolezza che fino a ieri era più nitida, ma che ora è diventata parte integrante del nostro modo di essere perché ci rendiamo conto che nella vita si evolve tutto. Cambiano gli eventi, cambiano le persone, cambia il mondo e ci si adatta in base alle nostre esigenze.

Cambiamento, non è solo sinonimo di perdita, perché esiste un'evoluzione che parte soprattutto da noi stessi, con il fine di guardare il mondo con occhi nuovi, per poter capire e percepire che è sensazionale così com'è, nonostante le scelte certe volte obbligate, che ci impone la vita per dover affrontare decisioni che fanno male e che ci fanno aumentare quell'adrenalina, per poter riuscire a risolvere quegli enigmi così apparentemente insensati, ma un certo senso effettivamente esiste.

Esiste, ma c'è un tempo per tutto. Un tempo per capire, per decidere, per fare scelte che ci possono portare benessere ma soprattutto capire la verità del perché accadono certi avvenimenti che ti segnano e che ti portano certe volte in confusione fino ad avere pensieri così tanto affollati nella mente, da voler solo scappare.

In un determinato momento della mia vita, ebbi tanta paura del mio futuro, facendo l'errore madornale di trattenermi nel mio passato, senza vivere le emozioni del presente. Purtroppo, capitò in concomitanza con alcuni problemi familiari che andarono avanti per mesi e quindi risultavo più fragile e più vulnerabile agli occhi altrui, e tendevo purtroppo a chiudermi in me stessa perché avevo paura di disturbare e di diventare un problema per gli altri. Infatti, il più delle volte quando riuscivo a stare da sola con i miei pensieri, tendevo a far uscire la sofferenza con pianti lunghi e soffocanti, cercando di non disturbare nessuno.

Si dice che nella vita, ci si innamora tre volte; già… nella mia vita non mi sono fatta mancare neanche le sofferenze sentimentali, e se dovessi tornare indietro, non cambierei nulla, anche se alcuni momenti me li sarei potuti risparmiare, ma nonostante ciò, se sono la Donna che sono adesso, è anche per le persone giuste e sbagliate che mi hanno fatto crescere, dagli errori commessi e anche dalle lacrime versate.

Da che mondo è mondo, qualsiasi persona anche la più egoista prova dei sentimenti, che siano belli o brutti non importa. Credo che l'unico sentimento importante è **l'amore,** il quale non potrà mai essere distrutto, perché niente e nulla è pari al caso. Esistono persone che provano sentimenti per loro stessi, le quali si possono chiamare molto semplicemente narcisiste, ci sono altre persone che cercano di amare dal profondo del cuore e talvolta riescono anche a trasmettere tutto ciò, e questo vuol dire "rendere felici qualcuno".

Ci sono infinite persone che dimostrano il loro affetto e questo è fondamentale nella vita di tutti i giorni, perché ti rende le giornate più piacevoli, cercano di farti vivere una vita più serena, cercano di distrarti da pensieri irritabili che ti fanno star male.

É tutta una questione di alchimia, di empatia… di volersi reciprocamente.

Di amarsi incessantemente, di volersi, di desiderarsi. Di avere accanto una persona che ti ama, che conosca a memoria ogni tuo pregio, ogni tuo difetto… e di saper colmare quelle mancanze, che forse solo noi sappiamo di avere.

Di capirsi con uno sguardo, di cadere in quei silenzi che forse valgono più di mille parole…

Forse perché ogni volta che ci si guarda, ci si rispecchia..

E non si ha bisogno di parlare o di spiegare..

Perché l'amore si vive..

Quando si vive l'amore, purtroppo non si è mai razionali. Ed io credo di essere l'esempio della mancata razionalità. Infatti, ho sempre sofferto più degli altri, perché ho sempre creduto nell'amore come sentimento, come **devozione** più totale e anche in quell'inspiegabile follia che riusciva a farmi fare cose, che non mi sarebbero mai passate per la mente.

Sicuramente in un rapporto di coppia, una delle due persone ama più dell'altra, facendosi coinvolgere emotivamente in tutto il suo splendore. Avendo quelle convinzioni tali da dover essere il primo pensiero quando ci si sveglia e forse anche l'ultimo prima di addormentarsi.

Nell'amore purtroppo non esiste solo la felicità, e momenti indimenticabili, esistono momenti difficili da superare, mancanze che con il tempo emergono, parole che in determinati momenti non si dicono per paura di ferire l'altro... e anche quella strana spensieratezza che abbracciava quest'amore mi ha portato a vivere, apparentemente parlando, un amore meraviglioso, ma poi con il passare del tempo mi sono accorta che era un capitolo da concludere. Io ho sempre messo gli altri prima di me, forse per il mio troppo altruismo e devozione che ho nei confronti dell'amore e del totale abbandono e contemplazione che ho con questo sentimento. Quando amo, mi sento in grado di superare tutte le avversità, ma poi l'amore diventa un miraggio. Soprattutto quando ci si rende conto che tutto ciò che è stato fatto, tutti i sacrifici e le rinunce che sono state messe alla luce, non sono serviti a nulla, rendendosi conto di quanto sono state invano le decisioni e di quanto sono stati poco limpidi i pensieri nei momenti di difficoltà.

Nella vita non bisogna mai smettere di amare, perché ti fa star bene, ti fa sentire importante e ti fa vedere il mondo più roseo.

Nell'amore esistono tante sfumature, e nonostante il mio carattere apparentemente duro, quando amo sono fragile e certe volte vulnerabile.

Ho perdonato torti subìti, ritorni che aspettavo da giorni, ma che per me erano al solo pensarci, anni. Le lancette sembravano fermarsi, ed il tempo volava, e mi sono ritrovata con sensazioni strane che tendevano a lasciar andare le cose così come dovevano andare, nonostante che io non volessi.

Quando si perde qualcuno, ci si rende conto solo dopo dell'importanza di quella persona, tuttavia con le delusioni che ho avuto, sapevo che dentro di me era cambiato qualcosa o che io ero cambiata, forse perché ho creduto per tanti e lunghi anni in un amore mai esisto e che non era consono con i miei ideali ed il mio tenore di vita. Avevo negli anni passati una determinata consapevolezza, che si è trasformata nell'ultimo periodo in una verità cruda. Ma non volli accettare nulla di tutto ciò. Mi sono aggrappata ai ricordi, alle emozioni che ho provato, alle giustificazioni che io davo per difendere una storia oramai finita da anni. In mezzo alla gente cercavo di non piangere, e di non creare disagio, ma le emozioni salivano, s'impadronivano della mia persona e continuavo a cadere in quei momenti lunghi e alcune volte disperati, sperando in una riuscita, in un semplice ritorno o almeno di un semplice accenno. Ma non fu così. Credetemi, nonostante i miei sentimenti contraddittori e forse anche infantili per un amore adolescenziale, non mi sono mai pentita di aver fatto le scelte che ho fatto, perché sono stata vera e cosciente che tutto ha avuto il suo corso, un inizio e di conseguenza una sua fine. Razionalizzare e metabolizzare il dolore, quando si è già deboli risulta più difficile ma non impossibile da superare.

Comincia tutto dai nostri pensieri, dalle nostre intuizioni, dal nostro modo di essere che emerge e che ci fa capire l'importanza dell'unicità di ciò che siamo.

Un' amore abbastanza travagliato e probabilmente anche colmo di ricordi meravigliosi, ma purtroppo sofferente perché sapevo che dentro di me c'era qualcosa che in passato la vita mi levò. E lui non fu in grado per ben due volte a starmi accanto perché non riusciva a comprendere e capire il dolore che avevo. Non mi sono mai sentita troppo sola forse perché ho cercato ad affidarmi al destino perché ritengo che noi siamo gli artefici di tutto questo, ma non necessariamente è direttamente proporzionale con la vita altrui perché noi siamo responsabili del corso della nostra vita, ma non della vita degli altri.

Tutte le persone a questo mondo, hanno provato almeno una volta nella vita, il dolore della perdita di una persona cara. Credo che sia uno dei dolori più profondi ed insopportabili della vita. Senti che sei vuota, senti che è cambiato qualcosa, che non potrai andare avanti senza quella persona. C'è chi è più forte e riesce a non abbattersi e c'è chi è più debole, che non riesce, in nessun modo, a sopportare il dolore. Si piange a non finire, ci si dispera, e non riesci subito a capire che doveva andare così. È difficile accettare questo tipo di perdita, ma è il ciclo della vita che deve continuare per poter creare una determinata evoluzione nel mondo.

Ho vissuto un'infanzia felice, cresciuta con tanto amore, tenerezza e comprensione, ma nel momento in cui vivi la tua infanzia, per una mancata maturità e consapevolezza, non si riesce a capire il senso della vita, ed è per questo che non me ne rendevo conto di quanta ricchezza avevo tra le mie mani. Non ho avuto rimorsi particolarmente grandi, ma alcune volte avrei preferito comportarmi in maniera diversa. Tendevo sempre a dire quello che pensavo, e certe volte anche in momenti meno opportuni, risultando spontanea nei miei modi di fare ma certe volte cruda anche con le persone che amavo.

La vita ha voluto strapparmi nella mia adolescenza mia nonna; una seconda mamma che mi avrebbe appoggiato in qualsiasi decisione, che riusciva a tirar fuori il meglio di me. Mi è stata accanto nei miei periodi più brutti della vita, mi asciugava le lacrime e faceva di tutto per strapparmi un sorriso perché non voleva mai vedermi triste e fragile. Mi ha sempre considerato una delle persone più forti che abbia mai conosciuto in tutta la sua vita, perché con la mia fragilità trasmettevo la mia sensibilità più assoluta, trovando la forza di reagire e di riuscire ad uscirne illesa, o quasi. Mi ha amato e non ha mai smesso di amarmi fino all'ultimo secondo. Non doveva andare così, non doveva finire così la sua vita.. Ho desiderato tante volte di rivederla, di rivedere i suoi meravigliosi occhi, di sentire il suo calore in un abbraccio. Quell'amore viscerale per una donna che ha costruito con i suoi sacrifici una famiglia, con educazione, amore e rispetto verso il prossimo, trasmettendo i suoi ideali con il sorriso di chi ne ha passate tante, ma che non è mai riuscita ad abbattersi perché ha avuto figli che la veneravano per tutto ciò che lei ha fatto per loro. Ha dato la vita a loro, tanto quanto a me. La amo più di me stessa. E non nego che in alcuni momenti della mia vita, sento la sua mancanza di tutto ciò che era e di ciò che è stato per me.

Sono sempre stata una ragazza piena di sogni e di speranze per un futuro migliore, però purtroppo alcune volte si ritorna come prima, cercando di trovare quella forza che pensavo di non avere, perché forse non mi è mai servita in precedenza e quindi mi limitavo ad essere come altri, se non di meno.

Sicuramente vi sarà capitato nella vita un momento doloroso, che vi ha spiazzato a tal punto da perdere il senso delle cose, ma vi posso assicurare che lottare non necessariamente vuol dire perdere, io ho già vinto perché ho superato tutto con destrezza ed intelligenza nel prendere decisioni istantanee, e sicuramente grazie a qualcosa o qualcuno potrete riuscire a trovare la strada giusta per il vostro percorso di vita. L'importante è avere degli obbiettivi e anche se non si riesce subito a raggiungerli, avete comunque lottato e avrete fatto di tutto per realizzare tutto ciò che avevate dentro di voi. Non bisogna mai perdere le speranze, perché forse nel giorno in cui, non si avrà più lo stimolo per poter continuare la propria vita, ci sarà sempre qualcuno che sarà in grado di starvi accanto, di prendervi per mano e di farvi ammirare la meraviglia del mondo. È solo una questione di punti di vista, certe volte anche se non si ha la forza di voler affrontare, abbiate l'abitudine di vedere la vita in modo diverso, perché la vita stessa è un dono e non va sprecata.

L'importanza di credere in qualcosa è fondamentale per poter vivere a meglio le proprie emozioni e per poter affrontare quei momenti difficili che ci fanno esser forti, e non importa se crediate in voi stessi o nel futuro o addirittura nelle vostre capacità, l'importante è saper credere. Credere che qualcosa di bello possa arrivare. Le lacrime non vi riporteranno indietro nel tempo, perché i giorni passano e gli eventi si evolvono e con il trascorrere delle ore potrete accorgervi che nella vita vi possono strappare via tutto, ma non i ricordi trascorsi con determinate persone, non vi possono levare dalla vostra memoria le emozioni che avete provato in quel passato che rivivete alcune volte nel vostro presente per renderle vive. Per rendere vivi quei ricordi, a cui vi aggrappate per non essere tristi e quindi pensate e riflettete su tutto quello che avete passato, sugli insegnamenti che vi hanno lasciato. Rimarrà comunque nel vostro cuore e anche nella vostra anima e quando un giorno avrete un problema; pensate a chi non c'è più; quando non riuscirete a reagire immaginate di stargli accanto. Sarà tutto più chiaro, più limpido, soprattutto se guardate in fondo alla vostra anima perché la morte è solo fisica, non necessariamente spirituale.

Ognuno di noi ha delle capacità sensazionali, ma alcune volte ci si rende conto che la razionalità è morte per i sentimenti e per tutto ciò che concerne l'inconscio. Ognuno di noi ha delle qualità, non sempre vengono alla luce, perché bisogna lavorare su sé stessi e sulle proprie potenzialità prima di dire che ci si conosce a tal punto di avere una certezza di ciò che siamo. Certezze non ci sono, o meglio, si avranno nel momento in cui si toccherà l'apice di quella sensibilità ultraterrena, rendendoci conto che noi siamo nati per un motivo apparentemente chiaro, che non apparteniamo in questa Terra perché siamo solo di passaggio, creiamo e distruggiamo tutto con le nostre mani e con i nostri pensieri.
Un mondo che mi ha sempre affascinato fin da bambina sono i sogni.
Sono sempre stata affascinata per tutte quelle argomentazioni particolarmente interessanti, come la filosofia, psicologia, teologia, e tutte le materie che ne facevano parte. Alcune volte facevo le mie ricerche, curiosavo di ciò che è stato il mondo prima di me. Ed ho sempre pensato che se tutto ciò che è stato, non sarebbe esistito, o avrebbero preso decisioni diverse da quelle che sono state, io non sarei esistita. Come ovviamente non saremmo esistiti tutti quanti. Ci sarebbero state, probabilmente altre persone che

avrebbero potuto prendere il nostro posto, ma non avrebbero fatto ciò che stiamo facendo noi per poter vivere questa vita.

Una delle principali figure del pensiero psicologico e psicoanalitico che mi ha sempre affascinato è stato: Carl Gustav Jung che in una sua frase ha descritto totalmente ciò che siamo:

In ognuno di noi c'è un altro essere che non conosciamo. Egli ci parla attraverso i sogni e ci fa sapere che vede le cose, in modo ben diverso da ciò che crediamo di essere.

Noi creiamo la nostra realtà, ogni giorno viviamo con una determinata consapevolezza che ci porta al raggiungimento del nostro benessere interiore, attraverso un lavoro che noi facciamo per poter scoprire ed indagare da chi siamo realmente, con il fine di stabilire un senso reale a tutte quelle scelte insensate che abbiamo dovuto prendere per poter andare avanti. Cercando di dare un senso a quella spinta che ci porta in superficie per poter riemergere dalle nostre sofferenze. Ed alcune volte, se non di più, quando ci addormentiamo, inneschiamo dentro di noi quei meccanismi tali da far riemergere ciò che è stato, dai dolori che noi razionalmente parlando accantoniamo per paura di star male, da quelle persone che hanno lasciato la vita terrena e le desideriamo a tal punto da riviverle perché non possiamo far a meno di loro o addirittura saper vivere in un determinato sogno quelle paure nascoste che ognuno di noi ha, risultando diverso, da ciò che si è realmente nella vita quotidiana. Ma il diverso non è colui che realmente ha deciso di far vedere ciò che è realmente, perché credetemi la diversità è uno degli elementi più belli che ci possa essere, perché esser diversi vuol dire rendersi conto che si può imparare dagli altri, cercare di migliorarsi attraverso le qualità degli altri, cercare di attribuire un senso alle discussioni, che si fanno con persone diverse dal nostro modo di essere, per poter capire l'importanza della curiosità e della contemplazione che si può avere quando due persone riescono a parlare lo stesso linguaggio.

La diversità intesa come unicità, perché noi siamo esseri unici e irripetibili in tutta la nostra essenza. Bisogna imparare dagli altri, cercando di recuperare i propri errori per poter ricreare quell'equilibrio che la vita ci ha tolto, perché tramite il nostro dono, noi possiamo realizzarci interiormente parlando.

La mia diversità la riconosco e comprendo che certe volte non è semplice accettare la propria natura e la propria essenza, ma non vivere liberamente la propria vita, andando verso quel cammino destinato a noi, non potremmo mai vivere una vita felice. Non potremmo mai capirla fino in fondo, perché in alcuni momenti della vita ci si rende conto di quanto possiamo essere piccoli e certe volte inutili di fronte a certe situazioni, ma lasciarsi andare e lasciare andare le proprie emozioni è uno dei principali passi per raggiungere quella vetta, che potrebbe renderci felice.

Conta il percorso, conta il cammino che si fa ogni giorno. Bisogna scoprire i segnali che ci dà la vita per poter raggiungere quella destinazione ignota che ci rende fragili e vulnerabili.

Ammetto di essere stata vulnerabile con i miei dolori, con i dispiaceri che ho avuto nella mia vita, ma non per questo mi sono arresa. Anzi, sono diventata più forte di fronte alle avversità, perché riuscivo a captare il vero senso della vita quando mi accadevano alcuni eventi correlati con la mia esistenza, che impegnavano la mia mente per giorni e giorni, riuscendo forse a trovare quelle risposte che fino al giorno prima non c'erano.

Fin da bambina, ho sempre fatto sogni molto strani che trasmettevano in maniera storpiata la mia realtà, tendevano ad incutermi paura, ed alcune volte a tenermi sveglia, per paura che potevano tramutare la mia apparente serenità, in una continua ossessione a fare incubi che potevano diventare realtà.

Mia madre mi diceva sempre di scrivere i sogni ed interpretarli, e così presi un quaderno ed incominciai man mano a scriverli. Mi resi conto a distanza di tempo che alcune volte, le interpretazioni erano veritiere e che puntualmente si avveravano nella mia realtà e questo mi metteva molta paura perché non riuscivo a capire il motivo per cui dovevo sognare qualcosa e farlo diventare reale.

In fin dei conti, erano le mie emozioni nascoste che parlavano e che mi dicevano che cosa avrei dovuto fare in alcuni momenti. Era sensazionale come avvenimento perché riuscivo a capire attraverso il mondo onirico, persone che reputavo amiche ma che in realtà erano solo di passaggio, eventi che si ripetevano nella mia vita di tutti i giorni, come se li avessi già vissuti. Alcune volte però può capitare che nella nostra mente, si innesca un meccanismo tale da basarsi sostanzialmente sulle emozioni che proviamo, riuscendo a vedere il mondo in maniera diversa, da come viene proposto dalle persone.

Quando provai quel forte dolore dovuto dalla perdita di mia nonna, non sognai più per molto tempo, come se il dolore che provavo nei miei giorni bloccava continuamente il mio modo di essere, e non riuscendo a provare emozioni, non riuscivo ad essere me stessa a tutti gli effetti.

Un dolore che continuò in fase adolescenziale, fino a quando la sognai ed incominciai ad essere più serena, come se il mio blocco interiore era dovuto a non sognarla, a non rivederla. La sua mancanza si faceva sentire terribilmente, e forse questo mi bloccava a tal punto da star male continuamente e a non vivere la vita come avrei dovuta farla.

La mia vita continuò, con più dolori e consapevolezze, con più ricchezza interiore e con più altruismo verso gli altri, nonostante le ferite non rimarginate, cercavo di dare un senso ad ogni evento che mi capitava, sia familiare che sociale.

Un susseguirsi di eventi hanno determinato e condizionato le mie scelte, volute ed alcune volte obbligate per il mio senso etico e morale che mi portava a vivere in una condizione, alcune volte diversa dagli altri, perché qualcuno mi strappò in concomitanza, dalla rottura sentimentale che ho avuto, una persona che mi ha reso la Donna che sono diventata oggi, nonostante le sofferenze e le delusioni che mi ha dato la vita. Mia mamma.

Perdere una mamma è un dolore disumano che mi ha reso fragile, in quei giorni dove non vedevo un filo di speranza e di riuscita perché mi sembrava tutto uguale ed alcune volte insensato, sola, nei momenti di difficoltà perché sapevo che l'unica persona di cui mi potevo fidare realmente era solo lei, vulnerabile, perché quando mi capitava qualcosa di brutto lei c'era sempre in ogni momento.

Esiste solo un vuoto incolmabile, dove non esiste una via d'uscita per quei pensieri che mi cullavano in quei momenti dannati, pregando di esser forte e non abbattermi perché so che sono sola contro tutto il mondo e che se dovesse arrivare quel giorno della sconfitta con le mie paure, so che mi dovrò rialzare perché se crollo io, crolla tutto il resto, tutto quello che ho creato con il tempo, tutte le forze con cui ho lottato per superare quei momenti confusi che hanno danneggiato la mia serenità. Facendo svanire con lei anche tutti quei ricordi, tutti quei momenti che mi hanno reso viva, protetta dalle malvagità della gente.

Lei non è stata solo una semplice mamma, e chi ha avuto il piacere di conoscerla, può confermare ciò che sto dicendo. Una verità, che rimarrà tale in ogni momento. Una verità che riconosco ogni qualvolta parlo di lei e di ciò che è stata per me. Del mio punto di riferimento nei miei anni peggiori, la mia luce quando smarrivo la retta via, il mio sole che mi guidava verso quel percorso chiamato vita, insegnandomi i giusti valori, la giusta etica e morale per poter affrontare il mondo.

Non è stata solo una semplice mamma, ma anche una sorella con cui condividere e confrontarmi, un'amica con cui parlare e ridere continuamente. La condivisione di anime è ciò che ci ha reso complementari, sapevamo l'un l'altra che riuscivamo ad essere felici solo quando l'altra lo era, e che se capitava qualche brutto momento ci davamo forza a vicenda per poter superare tutto. Insieme eravamo più forti e potevamo camminare mano per la mano, anche se la vita era dura e ci ha messo a dura prova, non ci siamo mai fermate perché non potevamo non reagire. Non esisteva nel nostro vocabolario la parola sconfitta. Ci abbiamo provato ad esser forti, e probabilmente ci siamo riuscite. Ma adesso esser forti da sola è dura perché capisco anche a distanza di anni di quanto la sua mancanza si può far sentire, e che non basta una vita per dimenticare ciò che è stato. Lei mi ha dato la vita. Sono stata una sorpresa per lei. Non si sarebbe mai immaginata di avere un'altra bambina, soprattutto in età avanzata. Eppure, Dio le ha dato la forza per mandare avanti la gravidanza, di accudirmi, di starmi accanto, di coccolarmi, di trasmettere quell'amore viscerale che ha reso speciale il nostro rapporto. Quel rapporto di fiducia reciproca, dove ci potevamo dire tutto. Le raccontavo le mie più grandi paure, le mie sofferenze e lei con la sua dolcezza e pazienza riusciva a tranquillizzarmi perché sapeva che io ero parte di lei. Lei è parte di me, anche se non c'è più. La sento dentro, la sento ogni giorno. Immagino il suo viso, la sua voce che mi tranquillizza, immagino le sue parole, i suoi occhi, le sue mani che mi accarezzano il viso ogni volta che scende qualche lacrima, per poter affrontare meglio quelle paure nascoste nella mia essenza. Paure che non ho forse rivelato a nessuno, perché non sono mai riuscita a estrapolare tanto se non con lei.

È stata una donna in grado di tener testa a tutte le avversità che le ha dato la vita. Mi ha trasmesso amore perché è stata cresciuta con amore e rispetto per il prossimo.

Mi ha insegnato ad essere altruista e generosa per chi è meno fortunato di me. Mi ha insegnato ad essere compassionevole con chi voleva farmi del male, proprio perché la vita ricambia con la stessa moneta, si riceve in base al male o al bene fatto al mondo.

Mi ha insegnato ad essere coraggiosa e determinata nei momenti di difficoltà, senza avere paura, per poter prendere le scelte giuste.

Non esisterà mai un momento giusto per allontanarsi da una mamma. È un vuoto enorme che cercavo di colmare, dalle domande che mi facevo ininterrottamente, perché prima nella mia vita vedevo una sorta di perfezione.

Avevo tutto di cui avevo bisogno. Una famiglia per sentirmi amata ed una casa per sentirmi protetta dalle ingiustizie della gente. Riuscivo ad avere il mio mondo, la mia realtà che era semplicemente perfetta, dove riuscivo a dare un senso ad ogni cosa e amavo la mia vita, nonostante il mio carattere alcune volte altalenante e sofferente a causa delle mie paranoie e perplessità che avevo in alcuni momenti a causa di eventi più grandi di me, che mi hanno reso fragile con le persone che amavo e apparentemente aggressiva con il mondo esterno.

Mia madre è stata veramente orgogliosa di me, in tutto ciò che facevo e dicevo. Sosteneva che io avevo una luce diversa negli occhi, una luce che non ha mai vista in nessun'altra persona in tutta la sua vita perché ero grintosa, con un carattere determinato e forte. Ho avuto sempre tanto amore nella mia vita, ma dal giorno in cui le se ne andò, il mondo lo incominciai a vedere con occhi diversi. Non riuscivo a capacitarmi di questo dolore ed infatti ci volle tantissimo tempo per metabolizzarlo.

Non è semplice affrontare la vita, dalla notte al giorno da sola con mille paranoie, domande che pervadevano la mia mente in ogni momento, cercando di trovare quelle risposte nei libri più impensabili, nelle persone che incontravo.

Eppure, un giorno incontrai una persona che incominciò a leggere nei miei occhi la sofferenza che stavo attraversando. Non ero solita parlare di me con persone che non conoscevo, ma lei mi diede fiducia ed incominciai a parlare del mio dolore, a piangere senza soffocarlo. Lei mi accarezzò il viso e mi disse di star tranquilla perché ero forte e che potevo superare qualsiasi ostacolo nella mia vita. Incominciò a parlare di alcuni eventi particolari, di alcuni fatti che erano accaduti e di alcune cose che dovevano accadere.

Mi disse solamente: "Stai vicino a tuo padre perché ha un problema".

Non ho voluto sapere tanto del mio futuro, ma lei continuò ad affermare che tutti noi in questa vita siamo qui per un motivo, per poter risolvere qualche debito di una vita precedente. Affermava che ero buona e tenace ma dovevo coltivare e guarire le mie ferite attraverso la conoscenza, il perdono e tutte quelle vie che portano ad un certo stadio di consapevolezza e che per poter rimediare agli errori passati, avrei dovuto affrontare dei problemi più grandi di me. Mi sconvolse in maniera insolita quando incominciò ad elencare il mio passato ed incominciò a parlarne come se realmente ne avessi già parlato. Mi venne la pelle d'oca per tutto quello che ho potuto ascoltare. In un istante, ebbi tanta paura, ma incominciai a capire che non potevo farci nulla. Dovevo continuare la mia vita, indipendentemente da chi ero e da ciò che sarei diventata, sapendo che dovevo trovare la mia strada e scegliere le persone che potevano starmi accanto, e dovevo decidere che cosa avrei dovuto fare nel mio futuro. Per alcuni aspetti avrei dovuto rassegnarmi al mio destino, perché nulla mi avrebbe portato indietro nel tempo per far cambiare gli eventi e per non far andare via mia madre. Dovevo accettarlo indipendentemente se era giusto o sbagliato per me. Dovevo comprendere che era il ciclo della vita e che doveva andare così, ma nella mia razionalità si contrapponeva ogni giorno il mio istinto, che purtroppo mi portava all'esasperazione e certe volte anche all'egoismo e all'egocentrismo, pensando ed affermando che nessuno poteva capire e comprendere il mio dolore. tutte le persone che hanno vissuto insieme a me, potevano capire un decimo di ciò che stavo attraversando e questo mi faceva male, ma sono state persone coraggiose che mi hanno amato e voluto bene perché si sono prese la responsabilità di starmi accanto nei miei momenti peggiori. Alcune volte accadeva che riuscivo a chiudermi in me stessa con le persone che incontravo perché avevo paura della compassione. Non volevo farmi compatire per questo lutto. Non volevo persone accanto a me che stavano solo con me per questo problema, che avevano un occhio di riguardo nei miei confronti, trattandomi come se ero una bambina. Volevo che mi giudicavano per ciò che facevo e ciò che dicevo, non volevo essere meno degli altri. In parte purtroppo è stato così. La vita mi ha penalizzato e mi ha reso fragile di fronte a nuove conoscenze, avendo paura di sbagliare o di dire qualcosa che non andava in determinati momenti. Solita domanda delle nuove conoscenze. Vivi con i tuoi? Domanda che odiavo. Eppure, con un sorriso annuivo e come al mio solito cambiavo discorso. Mia madre mi ha insegnato di sorridere sempre, di non farmi mai vedere triste anche quando lo ero perché far emergere le proprie fragilità soprattutto a persone che non sanno nulla di te può diventare un'arma a doppio taglio. Ed incominciai a sorridere piano piano alla vita, con la speranza che la vita stessa mi avrebbe ricambiato con la serenità o almeno con la ricostruzione della mia stabilità interiore. Dopo solo tre giorni di lutto, rincominciai la mia vita quotidiana, con gli occhi gonfi, talvolta piangevo, questo non lo nego. Ma dovevo sorridere perché sapevo che ogni lacrima che rigava il mio viso sarebbe stata una sofferenza per lei, perché non avrebbe mai voluto vedermi così. Il dolore non scomparve. Ha incominciato a far parte della mia vita di tutti giorni, condividendolo con le persone di cui mi fidavo ed alcune volte soffocandolo per paura che gli altri mi potevano guardare con occhi diversi. Eppure, dopo tanti anni, mi rendo conto che alcune volte sento la sua mancanza, e quando guardo il cielo di notte, sorrido e chiedo dove potrebbe stare, se ancora riesce a sentirmi, se riesce a sentire l'amore che provo ancora per lei, se in qualche maniera riesce a capire che io non l'ho mai dimenticata e che continua a vivere dentro di me, la sua meravigliosa essenza, la sua energia che mi ha trasmesso per poter vivere al meglio questa vita che mi ha trafitto il cuore e mi ha lasciato da sola, alcune volte senza speranza, altre volte con un coraggio da vendere, ma pur sempre fragile con tanti pensieri che riemergono ogni qualvolta sento che qualcosa non va bene. Nulla è semplice quando si tratta di emozioni, di sapersi abbandonare completamente a ciò che si sente, perché si ha paura di star male, e ci si rende conto che siamo semplicemente esseri umani, fragili, sensibili che abbiamo bisogno alcune volte di conforto, amore per poter vivere e che pur non volendo questa vita può far riemergere alcuni ricordi che ci hanno segnato ed alcune volte a distanza di anni ci si rispecchia in alcune parole, si sente e si ascolta quella parte di noi che vuole conoscere quella verità che fino a ieri non esisteva. Quando ebbi il primo lutto di mia nonna, qualche volta quando entravo in camera dei miei genitori, vedevo mia madre affacciata alla finestra a guardare il cielo, andavo da lei e l'abbracciavo forte a me. Lei mi guardava e mi indicava le stelle, delle bellissime stelle luminose, dicendomi che era mia nonna che mi guardava da lassù ed ogni volta che lo diceva, le lacrime rigavano il mio viso. Non potevo capire il suo dolore perché mai provato, ma cercavo di immedesimarmi e di starle accanto per farle pesare di meno la perdita della mamma, perché lei aveva me e doveva essere più forte del dolore. Quando toccò alla mia vita, ho capito che cosa voleva dirmi. La perdita di una mamma è una delle cose più brutte che possa capitare, soprattutto nella tenera età. Non è stato semplice trovare la mia strada, ma ho cercato di trovare la mia stabilità riuscendo a capire di quanto può essere importante il tempo, di quanto alcune volte non ci rendiamo conto di quanta bellezza, possiamo avere attorno a noi finché non la perdiamo.

Premetto che mia madre diceva sempre che vedeva in me qualcosa di più, vedeva una luce diversa nei miei occhi. Avevo una certa intuizione fin da bambina non indifferente, che sono riuscita a coltivarla con il tempo e a farne buon uso. Ma in quella tenera età, la prendevo molto per gioco perché non riuscivo a capire il vero significato della parola intuizione che comprendeva una verità, un presentimento di fatti futuri che tendevano a realizzarsi perché connessi con la percezione più intima della conoscenza sensibile. Non comprendevo fino in fondo questo mio lato intuitivo e quindi non davo tanto peso a ciò che sentivo e ciò che sognavo.

Mia madre restò in ospedale per circa 10 giorni, ma prima di essere ricoverata, a casa non stava molto bene e già lì incominciai ad avere le mie paranoie. Il mio tempo a disposizione era poco, e quel poco tempo che mi rimaneva riuscivo a starle accanto ma non era abbastanza per me, non lo è mai stato. Quando la ricoverarono, andò in terapia intensiva con orari abbastanza drastici, ma i miei orari lavorativi il più delle volte non riuscivo a farli combaciare con le visite e quindi mi sentivo oppressa in vari fronti della mia vita. Cercavo di godere ogni attimo che potevo con mia madre, ma la prima regola del reparto in cui stava era: non procurare emozioni. Ogni volta per me era un'agonia. Facevo un respiro profondo ed entravo in quella stanza. I miei occhi lucidi si vedevano benissimo. E chi se non una mamma poteva riuscire a capire le tue emozioni? Si vedeva che ero preoccupata e triste per lei. Cercavo di strapparle un sorriso, ma per era difficile vederla stare male. Purtroppo, quando giunge il momento non ci puoi far nulla. E l'unica cosa a cui ti puoi aggrappare inizialmente è la speranza che qualcosa migliori. Mia madre per me, era diventata il mio chiodo fisso, ma come era diventato il mio chiodo fisso durante il periodo in cui lei stava in ospedale, lo era già da prima perché sentivo che qualcosa dentro di me non andava bene. Difatti il giorno prima del ricovero feci un sogno abbastanza strano. Sognai uno sciame d'api che mi pizzicavano in tutto il corpo, procurandomi dolore, irritazione, agitazione e più mi muovevo per cacciarle più aumentavano a dismisura fino ad andare sottopelle. Mi sveglia con l'ansia e con mille perplessità. Feci colazione e andai da mia madre, dicendo di aver fatto un incubo e lei mi rassicurò dicendomi che non era successo nulla e che lei era lì con me. Poi mi disse di interpretarlo, ma con tutti i problemi che mi erano capitati mi passò di mente. Circa dopo due settimane dalla morte di mia madre, questo sogno lo interpretai. L'ape, solitamente nel mondo onirico rappresenta la rinascita, come ordine della propria vita e generalmente vengono considerate pericolose perché possono pungere e provocare dolore. Il simbolismo dell'ape è positivo e di ottimo auspicio, come fortuna in amore o che porterà tante gioie. Ma l'interpretazione vera e propria di quel sogno era tutt'altro e mi sconvolse a tal punto da farmene un'ossessione. Era un presagio, dove non riuscivo a liberare le mie convinzioni, le mie insicurezze, un pericolo che temevo a seguito da traumi recenti, con una conseguente perdita. Mi si gelò il sangue a tal punto da darmi la colpa di tutto quello che era successo. Ho incominciato a pensare che se lo avessi saputo prima, forse avrei potuto cambiare gli eventi, o perlomeno potevo far alleviare il dolore o l'agonia. Potevo portare mia madre in un altro ospedale, potevo portarla dove le potevano dare le giuste cure per la sua malattia. Tanti dubbi, tante incertezze che avevo, si sono concluse in questa realtà che mi ha portato via l'unica certezza che avevo per poter vivere meglio. Seguii il consiglio di mia madre, ma solo all'ultimo. Ancora mi faccio qualche domanda, però quando sai di non avere quelle risposte, ti rendi conto che è solo una perdita di tempo proprio perché alcune volte gli eventi si possono controllare, ma solo quelli dovuti a te e della tua vita. E quindi l'unica risposta razionale che potevo darmi era che doveva andare così, non potevo aggiungere di più, proprio perché sono un essere umano anch'io e ancora non ho avuto il piacere di riscontrare in me poteri sovrannaturali che l'avrebbero portata alla guarigione. Sarebbe stato troppo bello se "qualcuno" ci avesse dato una seconda possibilità. Se per ogni errore commesso, tornavamo indietro per rimediare. Se "qualcuno" ci avrebbe dato la possibilità di poter rivivere emozioni indimenticabili, di poter non versare lacrime amare per qualcuno che non ci ha mai amato per poter rivedere ancora una volta la persona che abbiamo perso per sempre nella vita, sarebbe stato troppo facile e forse non si sarebbe chiamata Vita. E fondamentalmente cos'è la vita? Tutti noi siamo coscienti che nasciamo, viviamo e moriamo. Ma tutto perché? Per quale motivo dobbiamo vivere, assaporare la sofferenza, amare odiare, fare delle scelte e sapere che possiamo sbagliare e perdere tutto quello che ora abbiamo? Sono sempre stata una persona molto curiosa su ciò che non si poteva spiegare, cu ciò che non potevamo vedere. Avevo voglia di descrivere le mie emozioni, ma mi riusciva abbastanza difficile perché non si possono spiegare, si possono solo vivere ed ascoltare.

Essere curiosi, credo che sia un elemento essenziale per poter vivere, perché la curiosità ti porta verso un mondo diverso, dove puoi estrapolare sempre più informazioni di certi argomenti che non avresti mai pensato di avvicinarti. Ti si amplia la mente a tal punto di volere di più, di conoscere qualcosa di più, per poter cambiare la tua concezione vita, o anche di migliorarti. Logicamente parlando, noi estrapoliamo informazioni da ciò che vediamo con i nostri occhi, ed il nostro cervello, di conseguenza, lo incamera a tal punto da farne una verità o una certezza. La nostra mente, ci pone dei limiti, proprio perché si utilizza solo una minima parte del cervello. Ma nel caso in cui, non diamo tutto per scontato e tutto ciò che noi sappiamo che non esiste, esiste veramente e che ogni cosa che per noi non ha un senso, abbia veramente senso? La nostra mente andrebbe in confusione e non riuscirebbe a distinguere il vero dal falso, il giusto dallo sbagliato. Il nostro cervello è come un computer, si inseriscono i dati e ne facciamo buon uso ogni qualvolta ne abbiamo bisogno. Noi estrapoliamo tutti i tipi di informazione dall'esterno e ne facciamo deduzioni ogni volta che ci soffermiamo a pensare. Purtroppo, o per fortuna abbiamo anche un cuore, due poli opposti, razionalità e sentimento, giorno e notte, elementi indivisibili che non possono fare a meno l'uno dell'altro, e si compensano ogni volta che ne sentano il bisogno. Noi viviamo di emozioni e di razionalità, e la nostra mente si può modellare in base alle esperienze inconsce, attraverso l'umiltà di essere ciò che si è veramente, l'audacia per voler affrontare le insidie proposte quotidianamente, per far emergere quella forza che forse non sapevamo neanche di avere.

Ho sempre avuto voglia di conoscere, tutto ciò che non si poteva vedere, di capire e di comprendere tante domande che ancora filosofi e teologi non riescono a dare risposta. Il loro lavoro è quello di esplorare nuovi mondi, è quello di cercare di dare risposta ai vari dilemmi della vita. Non è facile, anche perché è difficile saper spiegare e comprendere che esiste qualcosa di molto più forte del mondo fisico, più che altro perché siamo stati abituati ad un certo tipo di concezione, ad una certa routine, ad un certo ciclo di vita che purtroppo nel bene o nel male è inevitabile. Credo che almeno una volta nella vita, vi siete posti una domanda. Che cosa c'è dopo la morte? Che succede ai nostri cari quando ci lasciano? Ho sempre cercato di trovare quelle risposte ma riuscivo a trovare solo ipotesi forse attendibili ma non del tutto verità, proprio perché sono idee e fonti di varia natura, con spiegazioni di coscienza quantistica, proiezione astrale, esperienze fuori dal corpo e anche di reincarnazione, descrivendo che l'energia della coscienza ad un certo punto viene riciclata in un corpo diverso e nel frattempo esiste al di fuori del corpo fisico ad un altro livello di realtà e forse anche in un altro universo. Ma finché non si provano queste esperienze e sensazioni, possono risultare solo deduzioni. Forse una sorta di verità ci potrebbe essere, ma io non ne faccio una verità assoluta, nonostante ciò non metto mai limiti alla provvidenza. Tutto esiste. Tutto si trasforma. E tutto è semplicemente energia.

Tendenzialmente siamo tutte persone insoddisfatte, cerchiamo sempre di andare avanti con la convinzione che qualcosa migliorerà, siamo tutte persone pessimiste, fino al momento in cui riusciamo a capire il segreto per poter vivere questa vita. Incontriamo miliardi di persone nella nostra vita, ognuna con una storia diversa, ognuna con un bagaglio diverso. Quando guardiamo negli occhi le persone, ci rendiamo conto di quanto noi possiamo essere insensibili a situazioni veramente disastrose anziché pensare a problemi futili che possono andar via in meno di un secondo. Ci sono persone che vivono la propria via, con disgrazie alle spalle, con sofferenze forse mai superate eppure nessuno si rende conto che ci si deve aiutare a vicenda. È anche vero che è molto difficile fidarsi di qualcuno che propone il suo aiuto, anche perché il più delle volte lo fa per uno scopo personale, ma in realtà siamo tutti uguali, con gli stessi obbiettivi, con la stessa voglia di riuscire. Eppure, si scatena una differenza di classe sociale ma soprattutto mentale, invalicabile, proprio perché la maggior parte hanno un approccio sbagliato. Giudicano. Giudicano senza parlare, senza sapere. Giudicano perché hanno le loro convinzioni a proposito di ciò che vedono e non di ciò che sentono. Non riescono a vedere, a captare che tutti siamo soli, e che abbiamo bisogno di qualcuno che ci ami come vorremmo noi. Abbiamo sempre quella tendenza di megalomania, quella tendenza ad avere sempre tutto e tanto e soprattutto subito. Purtroppo, secondo me, è una mentalità sbagliata perché le cose grandi derivano dalle cose piccole. Difatti una grande persona non è colui che ha tutto perché gli è stato dato, secondo me la grande persona è colui che lotta per la sopravvivenza, che non si arrende ad ogni minimo ostacolo, che se ne frega di ciò che dice la gente e che va avanti per la propria strada, senza guardare indietro. Pur sbagliando ma con la consapevolezza che tutto ciò che ha costruito, l'ha fatto da solo con le sue mani. Una grande persona è colui che raggiunge i suoi scopi senza infangare gli altri, è colui che con la propria forza riesce nelle difficoltà e che non si arrende mai qualsiasi cosa accada.

Non è semplice riuscire a capire come comportarsi, cercare di riequilibrare le emozioni, perché proprio esse caratterizzano il nostro modo di essere e di fare rispetto ad altre persone. Forse un'altra persona al mio posto, si sarebbe comportata in maniera differente, avrebbe fatto scelte differenti, ma senza sapere come sarebbe andata a finire. Ogni persona a questo mondo ha i propri segreti, che non confesserebbe mai a nessuno, neanche alla persona con cui condividerebbe una vita intera. Ognuno di noi ha qualcosa di raro e unico. Irripetibile nella storia del mondo. Ognuno di noi ha una storia più o meno simile, dove ha assaporato almeno una volta nella propria vita che cosa vuol dire perdere e che cosa vuol dire morire. E perché tutto questo deve accadere? Per una ragione sicuramente, per un motivo fondamentale che noi esseri umani non riusciamo a capire in questa vita terrena, per il semplice fatto che, siamo più o meno tutte persone materialiste. Purtroppo, è la vita stessa che ci ha allontanato dalla spiritualità. Ma esiste sempre una scelta di vita. Decidiamo noi chi essere e chi diventare nel nostro presente e sul nostro avvenire. Eppure, c'è sempre quel filo di mistero che lega la vita dalla morte. Quel piccolo particolare che non riusciamo a captare o che riusciamo a sentirlo solo nel momento in cui capitano eventi talmente brutti che ci obbligano a riflettere e a capire su ciò che è accaduto. A piangersi addosso e a rinnegare il dolore non servirà ad alleviare la sofferenza ma solo ad alimentarla e ad entrare in quel vortice in cui esistono solo pensieri logoranti, dove si pensa che il peso della vita pesa più della nostra audacia. Ma non è così. Mi è capitato in prima persona e sostengo che la vita può cambiare in un semplice attimo, ed in un attimo puoi perdere tutto e non renderti conto di ciò che sta accadendo. Ma io mi chiedo. Perché una persona deve pensare al passato in maniera negativa? Purtroppo, solo con la sofferenza si cresce e si matura a tal punto di diventare, ciò che non pensavamo mai di diventare. Ci si rende conto che è da lì che comincia la salita, per poter cominciare una nuova vita. Ci saranno giorni in cui non vorrai alzarti dal letto perché non vuoi affrontare la tua realtà, ci saranno giorni in cui, invece, piangerai a non finire, incolpandoti di cose che non ti appartenevano. Ci saranno giorni in cui avrai voglia di mollare tutto e andare dall'altra parte del mondo per non pensare, per non continuare lo stile di vita che hai fatto finora, proprio perché in qualsiasi posto vai ti ricorda qualcosa di brutto, qualcosa che ti fa star male, che ti fa piangere con la sola voglia di urlare. Eppure, arriverà il giorno in cui ti renderai conto che hai sbagliato tutto, fin dal principio, proprio perché incominci a pensare a ciò che avresti potuto fare, ma che non hai fatto, per paura di metterti in gioco e di essere forte. Eppure, vivi sempre un motivo preciso, con una meta, con un obbiettivo prestabilito, ma con un grande punto interrogativo della vita stessa. Ognuno di noi, come ho già detto, acquisisce il dolore in maniera differente, ma non per questo si soffre di meno. Bisognerebbe, sorridere di più alla propria vita ed esser grati di ciò che si ha, proprio perché Qualcuno, ci ha messo a disposizione una vita, e non bisogna sprecarla a piangere, a rammaricarsi e soffrire per ciò che è accaduto, perché avendo solo una vita, bisogna godersela fino in fondo, assaporando ogni tipo di emozione e sensazione. Sentirsi vivi al 100 per 100, dando esempio a tutti coloro che sono più deboli, quale sia la via più giusta da seguire, per riuscire a colmare un determinato vuoto, o superare un dolore, che ormai è diventato parte integrante di noi stessi e incessantemente fuori esce, ogni qualvolta il nostro pensiero si posa su eventi negativi, che hanno determinato la nostra esistenza.

Eppure, i mesi sono passati, da quel maledetto giorno. Per me, dopo è stato ancora più difficile proprio perché ho incominciato a camminare da sola sulle mie gambe, senza il libretto di istruzioni, senza che nessuno mi dicesse cos'era giusto o sbagliato per la mia vita, senza che nessuno, mi comprendesse nella maniera giusta. Ogni giorno che passava, cercavo di estrapolare più informazioni possibili dal mondo esterno, affinché riuscivo a trovare le giuste risposte per poter colmare quei vuoto. Ero consapevole del fatto che non sarei riuscita a sostituire qualcuno o qualcosa nella mia situazione, ma volevo cercare qualcosa che mi facesse stare bene.

Dopo neanche un anno, se ne andò mio padre. Per me lì è stato ancora più brutto. Un'esperienza lunga e dolorosa che mi ha portato via, sotto alcuni aspetti dalla mia realtà che vivevo. Un'agonia che è durata all'incirca tre mesi, con la consapevolezza che non ci sarebbe stata nessuna riuscita. Sapevo fin dall'inizio, che non ce l'avrebbe fatta. Eppure, speravo, speravo ma in invano. Mi sono colpevolizzata più volte, per non aver convinto del tutto mio padre, ad andare prima in ospedale, ma d'altronde era un uomo molto determinato, con una personalità abbastanza emergente e l'unica cosa che mi rimaneva da fare, era quella di stargli accanto, nonostante la mia contrarietà con la sua decisione di rimanere a casa con continui dolori. Se l'avessi convinto a farsi vedere da qualche medico, forse la sua malattia non degenerava, però non potevo far altro che pregare e stare in silenzio nel mio dolore. Quando lo ricoverarono d'urgenza, capii in quel momento che una riuscita probabilmente non ci sarebbe stata, ma dovevo lottare con tutte le mie forze, per fargli trascorrere giornate piacevoli, e in quelle poche ore che dedicavo a lui, cercavo di stare tranquilla e godermelo come non ho mai fatto in tutta la mia vita. Come di consueto, andavo da lui dopo lavoro. Gli raccontavo la mia giornata e qualche volta gli portavo il caffè, ciò che adorava di più al mondo. Lui purtroppo non se lo poteva bere, ma quando mi guardava con quegli occhi, non potevo dirgli di no. Non vi è mai capitato di ripensare ad una certa scena che vi è capitata nella vostra vita, e di ripensarci fino al momento in cui non riuscivate ad attribuire il giusto valore delle emozioni che avevate provato in quel momento? Io si, ed anche più di una volta. Una delle volte che portai il caffè a mio padre, mi guardò con i suoi occhi verdi e tristi perché sapeva che non ci sarebbe stata una soluzione, ma felice di avermi accanto a lui e una che sorseggiò il suo caffè mi disse: "Vedi Daniela? Queste sono le cose belle della vita... ah quant'è buono questo caffè". Lì per lì non capivo, poi dopo ci ho riflettuto bene. Gustare quel caffè, come se fosse l'ultimo caffè della propria vita, gustare quindi ogni giorno della propria vita, come se fosse l'ultimo, godere ogni istante, ed ogni attimo della propria vita, perché sai che ora sei qui e domani non lo sai. Godere e non pentirsi mai di non aver fatto, ciò che avresti potuto fare. Era meraviglioso stare con mio padre, mi guardava sempre, mi accarezzava il viso, ed oltretutto mi prendeva in giro come il suo solito. Gli piaceva il mio modo di essere, e gli piaceva anche quando dimostravo i miei sentimenti, riuscendo a tirar fuori quella dolcezza che accantonavo per paura di far emergere le mie fragilità. Ogni volta che entrava qualche infermiera, si girava verso di loro e diceva: "Avete visto quant'è bella mia figlia? Lei è la piccolina, però ormai è una donna. Uguale alla mamma." Lo adoravo quando mi diceva così, anche perché erano poche le volte che mi diceva a parole ciò che sentiva per me, preferiva le dimostrazioni. E credetemi ci riusciva benissimo. Era san Valentino, decisi di prendere dei cioccolatini e andare da mio padre. I suoi occhi brillarono, perché non si sarebbe mai aspettato una mia visita. Ma il tempo per me era prezioso e sapevo che dovevo donarlo alla persona che mi ha messo al mondo e che mi ha cresciuto con i suoi insegnamenti. Era felice che dedicavo le mie poche ore a lui, per me era un piacere perché sapevo che nessuno mi avrebbe portato indietro nel tempo per stare con lui. Eppure, quel giorno non si sentiva tanto bene ma rimasi fino a tardi, facendolo ridere per fargli dimenticare in parte ciò che stava accadendo. Mi sentivo leggermente strana, ma non riuscivo a capire il motivo, per cui avevo strane sensazioni. Arrivò l'ora di andar via ed andai a casa. Riposai qualche ora, finché non ricevetti nel cuore della notte una chiamata dall'ospedale: "Suo padre si è aggravato". Incominciai a correre per andare da lui, e quando entrai in camera avrei voluto morire i quell'istante. Peggiorava piano piano, lo stringevo forte a me, gli tenni la mano tutto il tempo. Desideravo il suo risveglio, pregavo Dio, purtroppo invano. Chiedevo aiuto, ma nessuno mi sentiva. Incominciai a realizzare che se ne stava andando, il suo respiro era affannato. Guardavo il soffitto, guardavo se lui c'era. Guardavo per intravedere qualcosa che forse non esisteva, o che forse c'era ma non potevo vedere. Le mie lacrime rigavano il mio viso incessantemente. Non potevo non esser forte, eppure lo sono stata fino all'ultimo per lui e con lui. Fino all'ultimo respiro. Avrei voluto svegliarmi da questo incubo, ma più passavano i minuti e più mi sentivo male.

Non avrei mai pensato di perdere tutta la mia ricchezza in così poco tempo.

I soldi ti potrebbero rendere felice, ma in alcuni momenti della tua vita, ti accorgi di quanta ricchezza puoi avere, nonostante non sia ricco. Ed il valore di ciò che ami emerge a tal punto da avere una consapevolezza tale, da pensare di quanto qualche volta possiamo essere piccoli ed inermi di fronte a certe situazioni. Di quanto i soldi non ti riporteranno indietro nel tempo, e neanche a far tornare le persone che hai perduto. Ti accorgi di quanto valore hanno avuto, e di quanta ricchezza ti hanno portato nella tua anima fino al giorno in cui ti svegli e ti rendi conto che non ci sono più. Non esistono più nella tua vita terrena. Non puoi parlargli, non puoi condividere il tuo tempo, le tue risate i tuoi sorrisi e le tue parole. Ed in un tempo ormai lontano ti accorgi di quanta bellezza avevi di quanta fortuna hai avuto ad avere una famiglia così meravigliosa, in grado di renderti le giornate più piacevoli. Di farti capire di quanto sia importante la parola famiglia, l'essere uniti nonostante le varie diversità caratteriali, ma essere complementari perché non si poteva fare a meno l'uno dell'altro perché avevamo bisogno di sentire la presenza anche se si era lontani.

La bellezza di una giornata uggiosa ed un sorriso di mia madre, riempiva di sole la mia quotidianità ed il modo in cui mi prendeva mio padre era talmente sorprendente che riusciva a strapparmi un sorriso anche quando avrei voluto piangere nei miei giorni no. Riuscivano in qualche maniera a rendere la mia esistenza sorprendente e meravigliosa. Ma arrivò quel giorno. Non mi resi conto di cosa stava accadendo. e solo a distanza di anni ho incominciato a metabolizzare il dolore da sola senza l'aiuto di nessuno. A 22 ani sei ancora un'adolescente, nel fior fiore della gioventù, della tua spensieratezza, pensi solo in un certo senso a goderti la vita, la libertà, gli amici, gli amori che si presentano. Ma purtroppo per me, non è stato così. Continuavo a lavorare tutto il giorno, cercando di trovare quelle risposte a delle domande certe volte insensate, e mi chiedevo se era giusto continuare la mia vita nelle condizioni di sofferenza in cui stavo. Ma andavo avanti, senza sapere quale sarebbe stata la mia strada. Sapevo che dovevo andare avanti, che dovevo lottare contro i miei "demoni", che mi cullavano ogni volta che ero da sola.

Cercavo di stare il meno possibile da sola. Ma credetemi, ci sono stati giorni in cui non sapevo come affrontare le mie debolezza, le mie paure e certe volte anche le mie sensazioni di natura ossessiva del perché doveva accadere proprio a me. Io che non ho mai potuto far del male neanche ad un essere vivente, io che sono sempre stata rispettosa per ogni persona che incontravo, del loro vissuto, dei loro giorni spesi su questa terra. Avevo bisogno probabilmente di una persona accanto a me che mi sapeva prendere per mano e mi faceva capire di quanto io possa essere importante. Importante, intendo a livello di percorso terreno, per far prevalere l'unicità del proprio essere. Perché ognuno di noi è importante e fondamentale che contribuisce all'evoluzione in ogni sua sfaccettatura.

Ed incontrai un uomo che mi seppe prendere e che sotto alcuni aspetti mi insegnò a vivere bene, facendomi provare emozioni e sensazioni che non sapevo più di avere. Prima di incontrare lui credevo di esser vuota. Non riuscivo più a provare amore perché la mia totale devozione che io ho avuto per i miei familiari è stata talmente forte che ha lacerato ogni minima mia umanità e non riuscivo a provare amore; non riuscivo neanche ad amarmi più, perché mi focalizzavo sulla perdita e non sulla ricchezza che mi è stata tramandata. Incominciai a vivere, pensando di quanto io possa essere stata importante per loro. Di quanto ogni mia lacrima, li faceva soffrire, di quanto loro avrebbero voluto il meglio da me. Ma sapevo che io non avrei mai più potuto essere come loro mi volevano. Cioè felice. Perché la mia felicità, apparentemente parlando se ne andò nel momento in cui loro mi lasciarono.

Alcuni eventi della mia vita, mi hanno fatto capire di quanto può essere deleterio, estraniare i propri sentimenti a persone sbagliate, perché quest'ultime potrebbero avere troppe sicurezze e certezze e si potrebbero approfittare della nostra bontà. Non si sa per quale motivo, più una persona è complicata e più noi siamo attratti verso la persona stessa. Certe volte mi veniva una rabbia, proprio quando sapevo di dare tanto e ricevevo il nulla.

Quando voglio bene veramente, farei di tutto per quella persona, proprio perché sono cosciente del fatto che il tempo non ritorna solo se lo desidera, e appunto cerco di vivere al meglio la persona che voglio accanto a me. La maggior parte delle volte, succede l'opposto, soprattutto quando subentrano alcuni tipi di problemi: la cosiddetta gelosia e non fiducia. Secondo me questi due elementi, vanno di pari passo ed alcune volte le delusioni portano alla diffidenza, proprio perché la nostra mente, estrapolando le informazioni del mondo esterno e alimentando tutto ciò che è stato di negativo nel nostro passato, di conseguenza lo riproietta nel presente, pensando che il passato lo stiamo rivivendo. Purtroppo, è un errore. Un errore perché ogni persona è a sé. Ha un suo bagaglio di vita, un suo modo di essere e di fare rispetto alle altre persone. È un errore, perché si rischia inconsapevolmente di perdere la persona, che darebbe la sua anima per poterti vedere felice. E alla fine tutto ciò che rimane è la solitudine e il ricordo di qualcosa che è stato, ma che non potrà mai più essere. Solo quando perdi qualcuno, riesci a capire l'errore in questione e certe volte cerchi di riprovare e convincerti che qualcosa è cambiato. Ma il carattere non si può cambiare, lo si può modificare, ma se l'assenza della persona è quella, quella rimane. Si dice che sbagliare è umano, errare è diabolico. Ed è proprio così. Se un uomo, viene tradito, vede in tutte le donne, qualcosa di sbagliato, è geloso, insistente, facendo accuse di qualcosa che non è mai stato fatto. In questi casi, chi vuole bene veramente rimane, e chi invece è tutto l'opposto, se ne va da come è entrato nella nostra vita. La gelosia è una malattia, che invade la nostra mente, i nostri pensieri, il nostro modo di vivere e di osservare la realtà. La facciamo diventare all'ordine del giorno, un pensiero fisso che influisce negativamente sulla nostra vita quotidiana. Apparentemente, può innescare nella mente, un senso di protezione verso l'amato, cercando sempre di proteggerlo e di tenerlo stretto a sé. Questo tipo di gelosia può dipendere da tanti fattori: dal modo di comportarsi di quella persona, dal modo di interpretare i gesti di quella persona, dal modo di vedere e suscitare certe sensazioni con quella persona. La gelosia in alcuni casi, può diventare aggressiva in maniera inconscia, e solo dopo aver fatto qualcosa di brutto, ci si rende conto della gravità della situazione. Ci si rende conto che siamo arrivati all'ultimo atto della storia, perdendo definitivamente la persona che amiamo. Purtroppo, certe volte succede anche questo, e stando nella situazione, non ci si rende conto che non sempre ciò che proviamo è veritiero, proprio perché nel momento in cui si contrappone la razionalità con il nostro sesto senso, riusciamo a fare tutto l'opposto di ciò che pensiamo. E questo parte dalla paura di poter perdere qualcuno definitivamente. L'amore non è a senso unico, deve avere due linee parallele che camminano in maniera equidistante tra loro, proprio per poter intraprendere un determinato percorso. Quando si diventa gelosi in maniera ossessiva, non ci si rende conto che lo stiamo facendo in maniera egoistica, proprio perché amare qualcuno non vuol dire privarlo della sua vita, tenerlo stretto a sé, privargli tutto ciò che ha e rinnegando il suo passato in maniera aggressiva. Amare qualcuno vuol dire saper accettare la sua vita, condividere tutto ciò che ha incondizionatamente, saper ascoltare e non sentire, ad osservare e non guardare. Ma di fatto l'amore è un ciclo. Si torna sempre al punto di partenza.

Passai alcuni anni sereni, nonostante tanti traslochi, e problematiche di vario genere che una ragazza a quell'età poteva avere. Purtroppo, per me, la mia sicurezza non rispecchiava la mia realtà, perché nonostante io avessi avuto questi problemi di natura familiare, Dio mi ha dato la possibilità di rimettermi in sesto con la mia visione di vita, trascurando però una cosa molto importante. La mia felicità. Lo dico perché ogni amore ha i suoi tarli e purtroppo mi sono fatta veramente male con un uomo perché mi ha buttato nel baratro di alcuni problemi che purtroppo ancora non trovo soluzione proprio perché io mi sono assunta responsabilità che non avrei dovuto avere, perché nonostante la mia ingenuità ed il mio fidarmi di un uomo che mi ha saputo manipolare per i suoi comodi , mi sono ritrovata ad affrontare una realtà problematica, in grado in alcuni momenti di rendere le mie giornate difficili, pensierose, con la sola voglia di scappare. Sono stata tradita a livello personale, da un uomo che pensavo potesse far parte della mia vita. Eppure, lui, si approfittò delle mie lacrime, delle mie fragilità perché sapeva che io, in lui riuscivo a trovare una sicurezza ed un futuro migliore. Purtroppo, mi sbagliai. Ed anche qui a distanza di anni, mi rendo conto di quanto io possa essere stata buona con persone che non avrebbero mai meritato neanche il mio rispetto. Avrei potuto fare tanto. Avrei potuto denunciare il fatto. Ma non fu così. La mia rabbia prevaleva, facendo diminuire così la mia stabilità, ma mi resi conto anche qui che dovevo essere compassionevole, perché nella mia vita ho perso più di quello che potevo perdere. Eppure, sono ancora qui. A scrivere, a vivere. E condividere la mia vita con le persone che ne fanno parte.

Non esiste problema che non abbia soluzione. Ed è per questo che lo dico.

Vivete la vita. Lasciate andare gli eventi così come devono andare. Tutto ha un suo perché. Tutto ha una sua fine. Tutto ha un motivo. E collegando i tasselli di un puzzle, oramai quasi finito di questo capitolo, mi rendo conto che la vita è così tanto breve da non godersela. Si possono fare scelte sbagliate. Ma probabilmente se io non avessi incontrato questa persona, non sarei diventata la persona che sono oggi. Non avrei migliorato il mio carattere. E non avrei reso possibile, tanti avvenimenti che mi hanno portato a fare scelte di cui non mi pento.

Ma che ne sono grata.

Nonostante le sofferenze e le lacrime versate, mi rendo conto quanto ogni attimo, speso su questa terra è importante per la propria evoluzione personale. E di quanto sia importante imparare dai propri errori, ma soprattutto dagli altri. Imparare ad accettare le diversità altrui, imparando che in ognuno di noi esiste un mondo di pensieri e di essenza che solo pochi possono entrare e farne parte. Ognuno di noi la propria storia ed il proprio vissuto, il proprio sapere ed il proprio modo di essere. Soltanto tramite l'empatia, e tramite l'introspezione possiamo vedere, ciò che gli altri hanno da offrire.

Ho incontrato nel mio percorso persone meravigliose che hanno creduto in me. Ed hanno capito chi era Daniela. Ma non a tutti ho dato la possibilità di entrare nel mio mondo e farne parte. Sono stata in un tempo ferita ed amareggiata per alcuni rapporti che si sono andati a logorare e questo mi ha portato ad essere più selettiva con le persone. Eppure, alcune hanno creduto nelle mie potenzialità e nella mia forza nell'affrontare i dolori. Sono stata un punto di riferimento, nonostante io non abbia fatto nulla per esserlo. Ma sono grata a qualcuno, forse perché nei loro momenti peggiori hanno pensato al mio vissuto e che io ce l'ho fatta. E ne sono uscita quasi illesa e questo mi ha reso la donna più ricca perché ho migliorato inconsciamente e involontariamente la vita degli altri.

Mi hanno reso più ricca, aumentando in me le speranze, oramai perse con il tempo. Anche se alcune volte mi è stato confidato che non è semplice starmi accanto, soprattutto nei miei momenti di difficoltà. Ma non ho scelto io questa vita, non ho scelto io di fare questo percorso e di perdere le persone che amavo più di me stessa. Ho dovuto solo far fronte al mio dolore e a cercare di capire come nutrire la mia anima, perché è lei che ha bisogno di voler capire la vera essenza della vita. Cerco solo di assecondarla e di riuscire a colmare con la ricchezza e l'amore i vuoti della mia vita. Forse loro non potranno mai capire il dolore che ho avuto, come mi sono sentita in certi momenti, ma nonostante questo ho imparato che nella vita bisogna essere forti, indipendentemente dai vari ostacoli che la vita ci propone.

E che ci sarà sempre qualcuno per cui ne vale la pena vivere ed essere grati. Alcune volte può capitare in un momento di difficoltà, in cui tu non riesca a trovare la soluzione oppure perché hai solo voglia di piangere perché i problemi si moltiplicano fino a tal punto da non dormire più la notte, ma vi posso assicurare che grazie a qualche parola o discorso di qualche persona che fa parte della tua vita, ti più far guardare la vita con occhi diversi.

Mi ritengo una persona in grado d vedere aldilà di ciò che si vede, ma sono solo sensazioni che ho coltivato con il tempo. Una maturità che forse prima sapevo di avere, ma che ho voluto sempre cercare di nascondere proprio perché avevo paura di sbagliare. Ma non si tratta di giudizio personale per una persona o meno, si tratta di sentire le proprie emozioni e di curarle ogni volta che si dedica del tempo a qualcuno. Si tratta di sentire ed ascoltare un mondo diverso dal tuo, di imparare a conoscere qualcosa che non sapevi che esistesse, ma che senti gratitudine perché questa persona ha aperto un mondo diverso dal tuo e ti ha dato la possibilità di farne parte, di compararsi nei momenti di difficoltà, di saper e voler descrivere le proprie emozioni, nonostante le emozioni non abbiano parole. Hanno solo silenzi. Perché attraverso il silenzio si può intravedere quella verità che non sapevi di avere. Ne sei grato perché attraverso questo percorso, puoi riconoscerti e rispecchiarti, in quelle emozioni che hai provato fino a poco tempo fa. Riesci a rivivere quei momenti che fino a ieri sembravano lontani. Ma lontano, non in senso temporale. Puoi rivivere un ricordo, in un semplice attimo. Ti basta una fotografia, un luogo, una persona per rivivere certe sensazioni. Per quegli occhi sensibili al mondo che ti scrutano e ti guardano. Ti giudicano per quello che sei. Ed alcune volte ci si riesce a rispecchiare.

Nei tuoi occhi forti al mondo, ma che nascondono fragilità, decisioni crude che hanno dato un cambiamento radicale nella vita, sofferenze che si nascondono dietro un velo, che solo tu sai di avere. Ma che nascondi, per paura di far vedere ciò che sei realmente. Hai forse paura di rivivere quelle emozioni che ti hanno reso umano, che ti hanno reso vivo in quei momenti confusi. Per quell'essenza che continui a non far vedere, ma sei a conoscenza di quanta forza ti ha dato per combattere quelle forze oscure, che ti travolgevano ogni qualvolta che cercavi di opporre resistenza a degli eventi che si susseguivano anche senza il tuo consenso. Con la resistenza agli eventi non si ottiene nulla, soprattutto quando ci si sente affannati per una vita che non ti appartiene. Cerchi di trovare quegli appigli per poter vivere, o meglio, sopravvivere a quegli eventi che tendi a dimenticare.

Ma non si può dimenticare un sorriso, perché per quel sorriso sei rinato.

Non si possono dimenticare quegli occhi, perché per quegli occhi ti sei innamorato. Innamorato della vita, nonostante che certe volte ti mette a dura prova, alcune volte ti fa perdere quelle persone alle quali avresti dato la tua vita, ti farà incontrare quelle persone che te la cambieranno radicalmente.

E con il senno del poi, ti rendi conto che ti sono servite per capire ciò che non avresti mai voluto avere accanto ed incominci a capire che esiste un perché a tutto.

Ho sofferto tanto con la loro perdita. Un dolore che mi è rimasto dentro per molto tempo, e più i mesi passavano e più mi rendevo conto che dovevo affrettarmi a capire che cos'era giusto o sbagliato per me. Sono stata obbligata ad esser forte e ad avere il mondo nelle mie mani per capire quale scelta avrei dovuto fare.

È stato abbastanza complicato per me. Ma il tempo è stato buon consigliere, facendo rimarginare gran parte della mia ferita. Ho dovuto condividere questo mio dolore, l'ho dovuto estraniare quando dovevo, l'ho dovuto sotterrare quando potevo. Eppure, piano piano ho incominciato ad acquisire una certa autostima in me stessa ed una certa compassione per le persone più deboli, proprio perché ogni minimo problema che le persone avevano per me erano inesistenti. Erano talmente risolvibili che talvolta mi rendevo conto di quanto io possa esser stata stupida in certi momenti, a piangere per persone che non avrebbero meritato neanche le mie lacrime. Sono esperienze. E come tali hanno un inizio ed una fine.

Si arriva ad un punto tale che incominci a tollerare quasi tutto ciò che ti capita, riuscendo a trovare la soluzione nel minor tempo possibile, perché tutto ciò che hai di fronte ti sembra così ridicolo e così sciocco che non ne vale la pena neanche star male. Ti rendi conto di quanto possono essere stati inutili certi avvenimenti, di quanto potevi non fare, piuttosto che fare ogni giorno di più, senza nessun risultato, senza nessun evento positivo. La vita va a periodi, dipende sempre dall'atteggiamento che noi abbiamo verso il mondo esterno e verso l'amor proprio, dipende da come si affronta la giornata, da chi si incontra e come ci si comporta di fronte agli imprevisti della vita. Bisogna sempre circondarsi di persone vere, di persone che farebbero di tutto per strapparti un sorriso, in un momento di difficoltà, cercando di abbandonarsi il più possibile alle proprie emozioni, riuscendo a sentire quella verità che noi sappiamo di avere. Bisogna trovare quella tranquillità interiore che ci ha fatto arrivare fino a qui, trovando quell'equilibrio fondamentale per il quieto vivere. Il motivo per cui una persona continua la propria vita terrena, sono gli affetti che la trattengono, proprio per poter andare avanti. Ho visto persone annullarsi totalmente al proprio essere, per sofferenze più o meno simili e si sono salvate grazie a loro stesse, grazie alle loro potenzialità, perché sanno che l'amore verso le persone che sono andate via non potrà mai morire. Bisogna circondarsi di amore, perché senza l'amore non si vive, è la forza motrice che manda avanti il mondo. È quel sentimento che ha bisogno di esser curato ogni giorno. È come quando si incontra una persona che ci attrae. La conosci, ci esci, hai bisogno di scoprirla, di comprenderla. Il pensiero incomincia ad andare verso quella persona, fino a tal punto di volere sempre di più, fino al giorno in cui ci si trova innamorati senza neanche un motivo.

Noi andiamo da chi ci procura emozione e sensazione. Siamo in cerca della felicità perduta. Uno degli sbagli che si fa incessantemente è quello di trovare la felicità negli occhi di altre persone, in cerca di un sostegno, in cerca di qualcosa che non sappiamo neanche l'origine.

È uno stato d'animo che varia a seconda dell'appagamento raggiunto, che sia un benessere primario o secondario. Non si materializza solo se si pensa o si desidera. Bisogna partire dalla situazione in cui si è attualmente, bisogna fare chiarezza sul perché in alcuni momenti non si è felici.

Ma che cos'è la felicità? Per me la felicità vuol dire stare bene con sé stessi e con gli altri, sentirsi appagati ed amati, il raggiungimento di un obbiettivo che desideravi da tempo. Per me vuol dire anche far sorridere le persone in difficoltà, oppure svegliarsi la mattina, con il pensiero che si è vivi, che viviamo perché la vita è un miracolo già di per sé, e se si prende la vita con un sorriso, la vita ci sorriderà.

Esistono varie interpretazioni sul significato di felicità. Non credo che questo stato d'animo (come la sofferenza d'altronde) sia eterno, ma rimane sempre il fatto che se una persona è convinta di poter sbloccare una situazione non gradevole, può esser convinta, anche del fatto che se si prende la vita con un sorriso, può esser felice anche con poco. Ma tutto sta nelle proprie convinzioni. L'esser felici non è né un dono, né una virtù, né un rischio. La felicità sta nel costruire giorno dopo giorno, un progetto importante, imparando con il sacrificio e con le rinunce, ciò che siamo disposti ad acquisire, ed imparare. Sentendosi sempre grati di ciò che si ha, avendo sempre sogni ambiziosi, perché la nostra realtà è ciò che ci siamo creati con la nostra coscienza. I nostri pensieri sono diventati realtà, sono diventati parte integrante di noi e della nostra essenza. La nostra emotività ci può rendere vulnerabili, ma al tempo stesso ci può dirigere verso quei luoghi sconosciuti, che ci incutono paura perché mai visitati, ma la felicità ci accompagnerà ovunque andremo, perché riusciremo sempre a cogliere il bene dagli eventi negativi, nonostante la sofferenza, le lacrime e certe volte anche la compassione… proprio perché siamo noi a imporci dei limiti, e arriverà quel giorno in cui avremo quella consapevolezza tale da dire, che è stato giusto tutto ciò che si è fatto, perché siamo noi stessi in qualunque situazione, nonostante le lacrime, le sconfitte e le rivincite.

Fondamentalmente si vive con la consapevolezza che come si acquisisce nella vita, si perde, e come si ama, si soffre. Eppure, noi cerchiamo sempre di trovare la nostra dolce metà, un essere affine ai nostri ideali, una persona che ci capisce veramente, che sappia accettare il nostro carattere. Purtroppo, si vive in un mondo di falsità, si convive con persone che badano solo ai propri interessi. Si vive in un mondo in cui è difficile aver voglia di imparare a conoscere qualcuno, proprio perché ci si prova a fidare, ma l'unica cosa che succede, sapete qual è? Una nuova delusione. Delusione di aver provato ancora di nuovo a fidarci di qualcuno. E a questo punto ci si scoraggia ancora di più, perché le nostre convinzioni, diventano un dato di fatto della realtà stessa. Dopo tante delusioni, si arriva ad un punto tale, che non riesci più ad autoconvincerti che non tutte le persone sono uguali, ma forse esiste ancora qualcuno che la pensa come te, che ha dei valori e degli ideali. Io ringrazio una persona che tutt'ora è ancora nella mia vita, una persona con cui ho instaurato un vero rapporto di amicizia, di rispetto, sincerità reciproca, un rapporto disinteressato, un rapporto sano e vero, perché ci siamo trovate in un momento in cui le nostre vite dovevano riconciliarsi, dovevano ripercorrere la stessa strada, per far sicché il nostro percorso poteva diventare un unico percorso di vita, facendolo insieme. Sapete qual è stato uno degli elementi, per cui è nato questo rapporto e per cui è rimasto vivo per così tanti anni? La semplicità. La semplicità di essere state noi stesse in ogni momento della nostra vita, la semplicità e la spontaneità di essere ciò che siamo e di saper accettare i nostri pregi e difetti, la nostra voglia di voler avere molto di più, di avere accanto una persona non solo per i divertimenti (anche perché siamo bravi tutti), ma di saper ascoltare nel momento del bisogno, quello di voler essere sempre rispettosa e di vivere nella consapevolezza che ancora esiste qualcuno con dei valori importanti. Certe volte, purtroppo, siamo obbligati a convivere con persone diverse da noi, siamo obbligati a combattere con persone con diversi ideali. Ma uno dei principi fondamentali è la rassegnazione e l'accettazione di qualcosa diverso di noi, il saper condividere o perlomeno accettare l'opinione altrui, senza mai intralciare il passaggio degli altri e senza mai dar contro a persone che non potranno mai far parte della nostra vita. Il saper accettare, e comprendere che nel mondo esiste ancora chi la pensa come noi.

A cosa saresti disposto a perdere per riacquistare la tua serenità ed il tuo benessere? Noi lo sappiamo chi ci può appartenere in questa vita. Sappiamo di cosa abbiamo bisogno, e certe volte dobbiamo oltrepassare quel muro, dobbiamo superare con la giusta grinta quei problemi, dobbiamo piangere, ridere e riflettere su ciò che è giusto o sbagliato nella nostra vita. Tutte le scelte che facciamo non sono uno sbaglio. E non necessariamente il termine perdita equivale a sofferenza. La sofferenza è uno stato d'animo oltrepassabile perché attraverso quest'ultima si riconosce l'amore. L'amore per gli altri. Per il mondo. Di ogni cosa. Sopra ogni cosa. È attraverso l'amore che si va avanti, che si rischia, che qualche volta non ci si riconosce, perché l'amore ti rende più vulnerabile ma poi sensibili al resto del mondo.

Volevo essere salvata dai miei ideali, dai miei pensieri… dalle mie paure… Solo un uomo poteva essere in grado di liberarmi da questa mia sensazione, lo so che sono sempre stata forte agli occhi della gente.

Ma la gente che cosa sapeva di me? Di quello che ho passato, di quello che ho pensato in quei momenti dove non esisteva nulla a cui aggrapparmi.

Volevo essere salvata dalle mie paranoie, da tutto ciò che mi poteva fare del male, non mi poteva lasciare in quelle acque tortuose che cercavano di mandarmi giù. Volevo essere salvata dall'ignoto per farmi entrare in quella condizione tale da essere ciò che realmente sono.

Volevo essere salvata da tutto ciò che mi poteva nuocere, perché ho sempre creduto nei valori, credo nella gente, ed ho sempre creduto in me stessa anche quando pensavo di non farcela.

La vita certe volte ci mette a dura prova. È bastarda. Anche se ti comporti bene con lei, lei ti tradirà. Ti farà soffrire, ti farà buttare lacrime. Ti farà entrare in confusione. Ti farà del male. Ma un male temporaneo. Non c'è nulla che non riesci a superare. Ti darà la possibilità di conoscere il vero amore, dopo una grande sofferenza perché hai appreso la lezione attraverso la solitudine interiore, attraverso le lacrime ed anche attraverso l'abitudine ordinaria che ti ha logorato la vita fino a tal punto di supplicarle riavere accanto, però loro sono il baricentro della tua vita. Il tuo punto di forza. È bastarda si lo ammetto. Ma certe volte può essere meravigliosa in tutto il suo splendore. Perché lei ti ha fatto conoscere l'uomo della tua vita perché sai quanto è importante il suo sorriso ed il suo benessere.

La ammiri.

Ma rimani nello stesso tempo basito, di quanto può durare una sofferenza dovuta ad eventi che si sono susseguiti troppo in fretta senza comprendere il motivo per cui hai sofferto così a lungo. E così passano i giorni e ti rendi conto di quanto puoi esser grato delle bastardate che ti dà perché hai avuto l'opportunità di incontrare nel percorso di vita, persone che ti hanno reso forte attraverso le sofferenze, che ti hanno reso fragile, con quelle persone che hanno una luce diversa negli occhi.

Ed incontrai per puro caso un uomo che mi ha reso la donna che sono oggi. Mi ha fatto riscoprire tutti quei sentimenti che avevo accantonato nella mia vita per paura di soffrire ed essere vulnerabile con persone che non si meritavano la mia essenza. Mi ha reso felice in quei piccoli gesti che per me hanno una grande importanza, nell'osservare di come mi guarda ogni volta che mi vede, di come mi osserva ogni volta che sono a casa o come ammira i miei occhi, perché è a conoscenza di quanto lo possono amare. Di quanto ancora i suoi occhi, mi hanno fatto innamorare e riscoprire la parte più bella di me. E sorrido alla vita che mi ha reso fragile, ma forte di fronte alle avversità, perché mi ha fatto incontrare lui che è parte di me ogni giorno. Nonostante i problemi, ma in due è più semplice.

Il peso è minore perché si è complementari.

Imparare a conoscere una persona è guardare ed osservare l'essenza della persona stessa, perché tutto ciò che una persona fa vedere, in realtà non è mai ciò che è veramente. Bisogna guardare con gli occhi dell'anima, affinché si possa intravedere un po' di luce per capire, chi è o cos'è. Tutti noi ci basiamo sulle nostre interpretazioni personali. Ma in certi casi serve qualcosa di più. **L'istinto**. Seguire l'istinto e capire se quella persona può appartenere o meno alla nostra vita. Personalmente parlando, io ho sempre avuto voglia di conoscere persone particolari, con una mente diversa rispetto agli altri, con una mente talmente aperta, ma allo stesso tempo misteriosa che mi sapeva attirare nel modo giusto, che sapeva dare un pizzico di follia, nella mia vita quotidiana, che riusciva a distrarmi dagli schemi che ci impongono persone che ancora non hanno capito il senso della vita. Di solito si dice che noi attiriamo, ciò che vogliamo e forse di fatto è questo. Ho attirato amore nella mia vita e mi sono ritrovata a distanza di tempo, con un amore meraviglioso che mi fa emozionare come la prima volta ed il segreto per un rapporto sano e duraturo è la semplicità di essere sé stessi, unendola alla spontaneità di dire tutto ciò che si pensa senza inibizione. L'amore mi ha reso viva, mi ha reso immune di fronte alle avversità. Mi ha fatto rinascere e capire che nulla è perduto. Probabilmente non potrà mai sostituire quel vuoto che alcune volte emerge nei miei momenti, ma riesce a farmi guardare la vita sotto altri aspetti, perché la vita è meravigliosa così com'è.

Le delusioni mi hanno portato un senso di responsabilità non indifferente, mi hanno fatto capire di quanto sia importante la nostra vita, di quanto sia importante amare noi stessi, non solo gli altri. Ho imparato a responsabilizzarmi, grazie o a causa delle mie sofferenze. E sapete meglio di me che quando si soffre, si vive di più, proprio perché ci si rende conto che la vita, la si deve affrontare nella maniera giusta. Con un sorriso, pur avendo versato lacrime, con un sorriso, pur avendo perso qualcuno. Pensate la vita come un gioco. Si vince, si perde, si esce sconfitti e si esce vincitori. Sai dove stai, ma non sai dove andrai. Non sempre chi ci prova e non ci riesce è un perdente. Per me un perdente è colui che non riesce a liberarsi dagli schemi. È colui che non riesce ad amare qualcuno, senza necessità. È colui che non vuole, ma non può perché ha paura. La vita è un attimo e l'attimo può cambiare. Ogni giorno non è mai uguale all'altro ed ogni giorno che passa non è mai uguale a ieri. I nostri pensieri si evolvono a tal punto da andare nella direzione in cui noi vogliamo che vadano. I nostri pensieri poi diventano intenzioni, e poi azione. Ogni giorno si incontrano miliardi di persone e forse le parole di qualcuno, possono farci ammirare un mondo che non avevamo mai pensato che esistesse. Questo è il mistero della vita. Sappiamo chi siamo, ma non sappiamo chi saremo. Sappiamo di avere qualcuno accanto che ci ama e che ci rispetta, ma un giorno ci accorgiamo che non lo è mai stato. E quando si pensa di non farcela, ci si trova innamorati.

Esiste una forza sconosciuta che va aldilà di ciò che si vede, una forza rigenerante, che nasce dentro noi e va verso la persona in questione. Una forza, ai nostri occhi invisibile, ma una delle più potenti che possano esistere al mondo. Come si fa ad affrontare la situazione? Ricordandosi che noi siamo molto più importanti di qualunque altra persona, che la nostra felicità deriva dal nostro modo di vedere la vita, essendo pazienti, amando tutti, provando compassione per chi vuole farci del male. Semplice dirlo... ma il pensiero positivo è l'unica arma contro le delusioni che ci capitano nella vita quotidiana.

Rigenerare i nostri pensieri per far sicché la nostra mente vada dalla parte opposta dove è sempre andata. Mi rendo conto che non è semplice modificare i nostri pensieri, nel momento in cui stiamo male. Ma è essenziale essere razionali, fare un respiro profondo, e chiedersi veramente se ne vale la pena continuare a soffrire o prendere in mano le redini della situazione. Non è semplice, ma uno degli elementi essenziali è non aver paura di conoscersi, di conoscere ogni nostro modo di essere, di estrapolare dalla nostra essenza qualcosa di veramente fantastico. Sapete, ognuno di noi ha un potere, o una dote nascosta, c'è chi la imprime sempre più per paura di essere giudicati per ciò che sono, c'è chi la impara a conoscere dopo anni e anni di lavoro, rendendosi conto che tutto ciò che hanno fatto, non l'hanno fatto perché lo hanno voluto, ma perché è diventato ciò che gli altri volevano vedere da lui, e c'è chi riesce ad estraniare con facilità ciò che è veramente. Questo può accadere ad una condizione molto importante. Essere a conoscenza di avere una certa aggressività. Alcune volte può essere vista in maniera negativa, autodistruttiva, ma in realtà non sempre è così.

Innanzitutto, l'aggressività deriva dal latino ad-gredior, vuol dire semplicemente "avvicinarsi, andare verso". Senza l'aggressività noi non potremmo andare avanti nella nostra vita.

Pensate a Ghandi, pregava otto ore al giorno per convogliare la sua energia in forza non violenta.

Oppure a Oscar Wilde, imprigionato ed accusato di omosessualità, trasformò la sua rabbia in scritti e racconto.
Beethonven, che disse: "Se non avessi provato così tanto dolore e rabbia non avrei composto tutto questo".

Oppure Etty Hillesum, dal campo di concentramento di Auschwitz: "Sento così tanta rabbia dentro di me che potrei bruciare il mondo. Ho deciso di utilizzarla, non per bruciarlo ma per amarlo questo mondo".
Dei grandi uomini che hanno fatto la storia, hanno saputo utilizzare la loro rabbia, la loro aggressività nel miglior modo possibile. Hanno saputo estrapolare dal loro essere ciò che erano veramente. Hanno patito, sofferto, sono stati delusi e colpevolizzati solo perché erano diversi.

Eppure, la diversità ha fatto la differenza, hanno saputo essere loro stessi, hanno saputo trovare la loro strada, non importava dove sarebbero andati o dove sarebbero finiti, l'unica cosa che secondo me gli importava era il fatto di esprimere la loro essenza in ciò che erano veramente. Dovremmo fare tutti così.

Esprimere ciò che siamo, in ciò che sappiamo fare. È semplice. Basta solo volerlo, uscendo dagli schemi della vita quotidiana. Guardarsi dento e capire chi siamo e cosa vogliamo. Saper accettare è essenziale. Certe volte però siamo accecati dal potere, dalla voglia di riuscire subito nel nostro intento, dalla voglia di raggiungere il nostro scopo nel minor tempo possibile, proprio per raggiungere lo stato di felicità da noi imposto. Purtroppo, l'errore è questo, perché la vita non si ferma, i mesi passano, gli anni passano e ci si ritrova già grandi, pensando ad un passato con mille errori, con mille eventi che potevamo cambiare e modificare dal nostro stato di irrequietezza. Una delle soluzioni fondamentali è quella di riflettere più spesso, ma ad una condizione. Essere sempre noi stessi, riuscire ad estraniare il nostro modo di essere e di fare, perché solo questo ci differenzia da tutto il resto. E, poi se si sbaglia va bene lo stesso. Siamo esseri umani e siamo nati per imparare dai nostri errori che facciamo ripetitivamente ogni giorno. La felicità è in ogni momento, quando lavoriamo, quando usciamo, quando respiriamo, quando stiamo bene. È sempre in ogni momento, proprio perché dobbiamo esser grati di esser nati e di essere ciò che siamo.

Ognuno di noi ha un proprio destino, diverso dall'altro, ed ognuno di noi ha un cammino da fare, una strada lunga e talvolta tortuosa da fare.

Ognuno di noi è venuto al mondo per un motivo, per uno scopo ben diverso, basta capirlo. Siamo noi che attiriamo le situazioni e siamo noi che attiriamo le varie persone con cui condividere il nostro percorso. Impariamo a capire di quanto possa essere importante il confronto e la diversità degli altri.

Ognuno di noi ha la propria storia da raccontare e sapete che cosa avrei voluto di più al mondo?

Essere l'orgoglio delle persone che mi hanno messo al mondo. Vorrei che loro siano soddisfatte di me, che potessero vedere che sto bene e che sono forte. Vorrei far vedere che cammino da sola ed un GRAZIE lo devo a loro per come mi hanno educato, cresciuto, per come mi hanno compreso quando sbagliavo, per come mi sono stati accanto di quando stavo male.

A loro per tutto quello che hanno potuto fare per me. A loro che mi hanno insegnato la vita. Li penserò ogni giorno, come ho sempre fatto. Li amerò incessantemente, ogni giorno fino all'ultimo battito ed oltre la mia vita. Dedicherò a loro ogni giorno della mia vita. Sempre.

L'arte della riuscita?

Saper vivere…

Saper amare…

Saper soffrire ed imparare dai propri errori…
Saper imparare dagli altri…
Sapere di essere vivi, di volersi bene e di accontentarsi di ciò che si ha…
Il sorriso aiuta, non solo a te ma anche a tutto il mondo.

Finito di stampare nel mese di Luglio 2018
da Andersen S.p.A.
per conto di Youcanprint *Self-Publishing*